말랑한 경문

최명선 시집
말랑한 경문

저　자 | 최명선
발행자 | 오혜정
펴낸곳 | 글나무
서울시 중구 수표로 45. 비즈센터 905호
전　화 | 02)2272-6006
등　록 | 1988년 9월 9일(제301-1988-095)

2016년 6월 15일 초판 인쇄·발행

ISBN 978-89-91356-96-2 03810

값 10,000원

* 이 책은 강원도, 한국문화예술위원회, 강원문화재단 후원으로 발간되었습니다.

이 도서의 국립중앙도서관 출판예정도서목록(CIP)은 서지정보유통지원시스템 홈페이지(http://seoji.nl.go.kr)와 국가자료공동목록시스템(http://www.nl.go.kr/kolisnet)에서 이용하실 수 있습니다. (CIP제어번호 : CIP2016012664)

말랑한 경문

최명선 시집

| 자서

언어의 자모들을 대할 때 진솔하였나
떠나버린 서정을 찾아 헤맬 때
가슴 깊이 하던 다짐 늘 잊지 않았나
돌아보니 반성은 여전히 붉다
어미 품을 떠나는 부족한 자식들
고된 말의 시집살이를 잘 이겨내길 바라며
시집을 묶는 사이
아버님 곁으로 홀연히 가신
그리운 어머님께 이 시집을 바친다

2016년 봄, 설악에서

차례

제2부 상처의 안쪽

제3부 만남의 수사학

제4부 가을 여자

1부

말랑한 경문

돌탑

산 오르다 돌탑을 만났지요
조그만 돌 하나 올려놓는 순간
받치고 있던 돌이 떨어집니다

미안한 마음과 함께
돌 주워 내 돌 위에 공손히 올려놓습니다

절실했을 누군가의 기도 위에
엄살 같은 내 소망을 얹어 놓았으니
탑이 먼저 아신 거지요

내려서는 길 곧 올라서는 길이라고
비방 한 줄 슬쩍 쥐어주신 거지요

구두 수선집

무거운 짐이 힘겨웠는가
길 끌다 고장 난 나의 수레여

판사 같은 수선공
고여 있던 어제 거꾸로 놓더니
절뚝거리던 시간을 거침없이 떼어낸다
희망을 갈아붙인 후
탕탕탕, 힘차게 안전못을 박는다
낡아도 차마 버릴 수 없던 삶의 내력이
망치 끝에서 출렁 되살아나고
다시 일어서라고, 걸어가라고
초심으로 단단해진 생의 수레에
들메끈 조여 주는 구두 수선공

허름하고 낡은 것들 모여들지만
무성의 법륜소리 낭랑한 이곳은
영혼의 척추까지 반듯하게 세워 주는
불립문자 가득한 한 평짜리 선방이다

봄비 듣는 날

갈라진 땅 기우며 비 내립니다
큰 틈새 메우고 실금까지 봉합한 후
비로소 수면을 이루는 물의 연산
곳간 없는 그들은 필요한 만큼만 채우고는
흘려보낸다지요, 졸졸졸
아랫논 윗논 서로에게 밥 되는 저 푸른 득음
흘러가는 빗줄기에 마음 하나 얹어 놓고
모처럼의 내가 한가롭습니다만
가슴 한편 가렵기 시작하네요, 아마도
얼어 있던 제 맘에도 봄물 드나 봅니다
가만가만 넘치지 않도록
물꼬 터야 하겠습니다, 거기
천수답 당신에게 흘러들도록 말이어요

한 말씀 받아 읽다

눈 오는 이른 새벽 누가 드린 공양인가
가파른 언덕에 뿌려진 연탄재
살아 불꽃, 죽어 살꽃 적멸의 낙인가
고요야 목소리를 낮추건 말건
눈보라 제 위에 육탁을 치건 말건
사람들 발아래 납작 엎드려
사리탑을 쌓고 있는 무심한 흙부처

붉다는 것은

푸르다는 것은
안에서 밖을 향해 나가는 것이지만
붉다는 것은
밖에서 안을 향해 들어가는 것이다
나왔던 길로 다시 돌아가는 것이다
마지막,
가장 마지막에 있는 처음인 그곳,
한 점 무심을 향해 가는 여정인 것이다
그 길목에서
최선을 다한 자들이 받는
아름다운 징표, 그러므로
떨어지는 한 잎 갈잎이라 하여도
벌레 먹은 한 알의 과실이라 하여도
붉은 것 앞에서는 모두 겸허해야 한다
경건해져야 한다, 그것은
우리가 읽어야 할 자연의 경전이며
신께서 찍으신 낙관이기 때문이다

고드름

물뼈로 만든 천상의 악기다

제 몸 녹여 켜는 스.타.카.토.
얼마나 명랑한가

수직으로 켰다가
수평으로 접는 착지음,
단조로운 음절도 때론 사무치는지
시간은 시들어도
소리를 놓지 않는 고즈넉한 풍경 속

그렁그렁 빈자리 우물이 되고
그 속으로 동그란 두레 하나 내렸는가
내 안에 어제가 시방인 듯 안기고

폭설

눈 오시는 봄날 아침
경비 아저씨 눈가래 던지며 한 말씀 하신다

꽃 돋는 삼월에 폭설이라니
아무래도 하나님이 과식을 하신 게야
곁에 있던 통장 아줌마 말 받는다
과식은 아닐 거예요 냄새가 없잖아요
하나님 똥은 하얀 똥 냄새 없는 똥
아저씨도 웃고 아줌마도 웃고 나도 따라 웃는다

집으로 돌아오다 보니
아저씨 군데군데 똥탑을 쌓고 있었다
시편이 되고 경전이 되는 말씀의 탑
어느 탑신 이렇게 희고 눈이 부실까

돌아가는 세상사 다 내려다 보시자니
그 죄 받아 일일이 감(減)하시자니
탈도 나셨으리라, 생각 채 끝내기도 전
급하신가 다시 또 바지춤 푸신다
펑.펑.펑!

어떤 경전

고물거리는 애벌레
그대가 바로 생불이네
오체투지,
움직이는 것도 제 몸에 대한
경배라 이르면
그대만 한 경전 어디 또 있겠는가
멀고 먼 우화의 길
몸 굴리고 굴려 허물 벗으시거든
훨훨 나를 날아 무량상수 하시게

말랑한 경문(經文)

상대 향해 날 선 말의 채찍을 들다가도
비 맞아 휘청거리는 풀잎을 보며
아니다, 아니지 생각 돌리네

가슴에 파인 상처 아파하다가도
빗물 참히 받아내는 물웅덩이를 보며
그래, 그렇지 생각 바꾸네

수백 개의 뼈를 가진 내가
뼈 없는 물의 속성을
어찌 바르게 해독할 수 있으랴만
그 길 가만가만 따라가다 보면
답 한 줄 슬쩍 쥐여 줄 것만 같아
기도하듯 빗속을 걸어보는 아침

가슴에 물길 하나 틀 수 있다면
다스리지 못할 화는 없는 거라고
다 자라서도 한참이나 덜 자란 내게
빗줄기로 만든 모빌 흔들어 보이시는
저기 저, 말랑한 물의 단단한 말씀의 뼈

죽어도 사는 나무

지난 폭설에 나무 하나 쓰러졌다

사는 걸 몰라서, 알아도 몰라서
침묵으로 떠난 영혼 하나

욕심 없어 더욱 간절했을 무심 앞에
하늘은 저를 열어 길을 만들고
뭉툭한 손끝으로 주검 덮는 모래바람

조곡이라 하기엔 너무 가벼운
새소리 공연히 아프고 무안해서
흘러내리는 마음 추스르지도 못한 채
서둘러 그 자리를 비켜 나온다

얼마쯤 갔을까 뒤돌아보니
있어야 할 나무는 보이지 않고
세속을 벗어난 와불 하나가
낭랑히 바람경을 외고 있었다

다시 읽는 봄

이른 봄 들녘에 돋을볕* 내린다
달래 냉이 여린 쑥과 이름 모를 잡풀 위
사랑한다, 침묵의 말씀이 내린다
겨우내 꺼졌던 길 다시 켜지고
점점이 찍히는 만상의 발자국들
관성은 초록색 잎으로 돋고
한 손이 만 가슴을 품는 넉넉함 속에
화사한 봄을 온몸으로 전하는
저기, 은자의 다정한 불립문자

* 돋을볕 : 아침에 해가 솟아오를 때의 햇볕

무인모텔

가랑잎들이 기웃거리기 시작했다
뒤 이어 거미들이 찾아왔고
숨어 있던 잡초들 모두 나와
제 몸으로 초록 카펫을 만들기 시작했다
깃털 없는 여린 것들 쉬이 오지 못할까
삐걱거리는 문짝 모두 뜯어낸 후
접시꽃 망초꽃 불침번으로 세워 놓고
오라, 편히 오라 소리를 키우는 바람
저녁이면 푸른 별꽃 한 아름 품에 안고
귀가를 서두르는 어둠이 있고
곰팡이 꽃 푸른 벽에 제 그림자 걸어 놓고
아침이면 일어나라 나팔소리 둥근 집
누가 그곳을 폐가라 했는가, 그 집은
구름과 바람이 사시사철 드나들고
헐렁한 자유가 깃발처럼 나부끼는
버려진 것들이 끌고 가는 무인모텔이다

타워팰리스

아카시아 나무 위 까치집 한 채
쓸쓸치 않을까 봄내 근심했더니
하느님 내 마음 헤아리셨나
빛 고운 초록으로 주렴 짜 걸으시고
그 위에 향유 채운 하얀 꽃등을
길목마다 환히 밝혀 주셨네
사람 사는 동네에선 헐었다 지었다
재개발 하네 마네 시끄러운데
마음만 주면 내 터인 넉넉한 허공에
모양은 허름해도 한 번 지으면
손댈 곳 없다는 새들의 건축공법
자물통이 없으니 열쇠도 필요 없고
바람 햇볕 남아도는 나무 위의 집
새가 사는 그 집이 바로 타워팰리스다

일몰에 부치다

커다란 똥 한 덩이 산속으로 떨어진다
얼마나 용을 썼는지
얼굴 온통 홍자주이다
비우자마자 곯아떨어지는 저 검은 잠
별까지 머리 위에 매단 걸 보니
배설도 하나의 노역이었나 보다
하더라도 부럽구나, 튼실한 시 한 편
싸보려고 하루 종일 끙끙대는 나
먼저 삼킨 몇몇의 실팍한 자모들은
장(章) 속에서 점점 숙변이 되어 가는데
단식에도 폭식에도 응답이 없는
고장 난 사유의 괄약근이여
언제쯤이면 내 시도 항문(學文)에 드시려나
막힌 장(章)의 아랫배를 문질러본다

겨울 산, 엿보다

저기 저 육덕 좋은 여자 좀 보라지
무슨 일 있었는지 소복 갈아입더니
나흘 만에 훌훌 벗어 버리네
보이는 듯 가리는 듯 길 피우며
안으로 유인하는 사마리아 여자
맘이 먼저였는지 몸이 먼저였는지
사내들 바쁜 발걸음 보이고
죄 없는 자 먼저 쳐라, 설국의 율인가
음흉한 내 사유에 철퇴를 가하듯
나뭇가지에서 떨어지는 단단한 눈 뭉치들
네가 판 굴헝은 너의 것이라
에돌아 생각은 말씀 곁에 고요한데
죄처럼 묻어나는 황톳길 위로
집착처럼 따라붙는 불온한 詩 한 편

입동

누군가 매 놓은 버팀줄 위에
생을 말려 걸어둔 나팔꽃 줄기
소통의 부재가 마음에 걸렸던지
갈색으로 흔들리던 몇 잎의 절망까지
안으로 다독여 곱게 여민다

방풍 같은 비음은 소요 물고 날아가고
흔적을 덮으며 겨울이 왔다

동면으로 깊어가는 환약 같은 꿈
몰아치는 북풍 정수리로 받으며
가느다란 물관의 밸브를 잠근다

땅속 파고드는 둥근 잠속에
이제 남을 것만 남아 헐렁한 지상
또 다른 재생의 수유를 위하여
어제의 길을 잠시 접는
여기는 추위가 머물 冬窟 입구다

따뜻한 우기

거꾸로 자라는 빗줄기를 본다
위를 향하는 것만이 잘사는 길이라고
생각한 내게
물구나무서기를 해 보여주는
비나무 경전
깜깜한 시간 속에서도
낮은 길은 늘 제자리 지키며
지고 피고 했는데
그 길 비켜 위로만 보려 했을까
낮은 곳으로 흐르는 게 생이라는 걸
길 속의 길이나 길 밖의 길이나
종국에는 한 곳에서 만나게 된다는 걸
비 되어보니 알겠다, 흘러보니 알겠다
모두 다 젖어 더 젖을 것 없을 때
비 끝에 묻어오는 별 한 점의 온기

빗방울이 잠언이다
빗줄기가 경문이다

가을에게 묻는다

마음이 까닭 없이 우울해 하는 날이면
몸은 마음을 달래 목에 태우고
산 그림자 내려앉은 호숫가로 나가네
나가 한적한 호수 한 편에 무등을 푸네
색 바랜 구절초 앞에 마음을 앉혀 놓고
한 발자국 비켜서서 지켜보는 몸
하늘과 구름과 나무가 있고
물과 바람과 꽃이 있는 곳
누가 먼저 말 안 해도 얼마쯤 지나면
미안타, 괜찮다 환해진 몸과 마음
서로라는 말을 징검돌 삼아
앞서거니 뒤서거니 돌아오는 귀갓길
잘 살았다고 감사하다고
마지막 문장을 써 내려가는 가을 풍경 속
나도 그 속에 나란히 서면
한 폭의 따뜻한 그림이 될 수 있을까
삼욕에 찌든 때를 슬그머니 밀어 놓고
가만히, 가만히 가을에게 묻는다

2부

상처의 안쪽

상처의 안쪽

호박 밑동에 똬리를 받치며
어머니 말씀하셨다
병의 근원은 습함에 있는 거라고

늙은 호박을 가른다
좀처럼 칼이 먹히지 않는다
속은 분명히 비어 있을 터,
이 버팀의 힘은 어디로부터 오는 것일까
수술대 위에 누워서 어머니
암 덩이를 들어내는 동안
나는 호박 가르던 그 순간을 생각했다

여린 씨앗들을 위해
모질어질 수밖에 없었을 생의 외피를
다만 질기다 무심했던 자식과
행여 그 속내 근심으로 읽힐까 봐
커다란 혹 달고서야 젖은 속 열어 보인 당신
공명으로 가는 길 그토록 깊어
내게 닿기까지 더뎠던 것인가

눅눅한 생일수록 쉬이 오지 않는 봄,
진즉 똬리가 돼드리지 못한 자책과
피우지 못한 몇 겹의 꽃들이
벗은 몸 다시 입는 어머니 병실에서
허기처럼 삼 년을 붉다가 졌다

푸른 아버지

넌출지는 오이넝쿨에 버팀목을 세웁니다
산목숨 죽은 목숨에 기대 살던
바람 부는 어느 날
버팀목 버티다 쓰러졌습니다
맥없이 따라 눕는 여리디여린 것들
누워서도 살기는 살아지겠지마는
목숨이야 부지하고 살겠지마는
키 낮춘 희망이란 얼마나 난감한 일이겠는지요
하지만 슬픔도 잠깐
다시 버팀목 세워 줬더니
아, 글쎄 고 작고 여린 것들
꽃대 쑥쑥 밀어 올리더니
죽은 나무 위 더러더러 꽃도 얹어 놓더니
무럭무럭 제 일가를 이루지 않겠어요
자식이란 그렇게 늘 철없고 약한 것
죽어서도 살아 있는 버팀의 힘은
애틋한 당신 마음 아니겠는지요
이제 곧 환하게 오이꽃 피겠지요
오이꽃 피면 더 그리워질 당신

당신인 양 더 단단히 버팀목 세울게요
쓰러지지 않도록 북*도 줄게요
어디에도 없지만 어디에나 있어서
생각하면 언제나 의지목으로 오는
죽어서도 살아 있는 내 푸른 아버지

* 북 : 뿌리 부분을 흙으로 싸서 중심을 잘 잡게 하는 것

다시 피는 어머니

벚나무 한 그루 맨몸으로 서 있다

봄 채 오기도 전 어미 몸 창을 내며
세상 밖 궁금해하던 철부지 어린것들
이제 일가 이루어 모두 떠나고
빈집 지키는 건 바람뿐인데
투박하고 거칠어진 생의 외피만큼
무례히 말라가는 관절 속 물길

그 길에다 추억 몇 심어드리면 어떨까
두레상에 숟가락 소리도 예닐곱 올려놓고
굴뚝 밖으로 피어오르던 매캐한 생솔 향
눈물 꿰어 몇 줄 달아 놓으면 어떨까
뭐 해 달라, 뭐 사 달라 생 투정도 부리며
팍팍, 살아갈 힘 키워드리면 어떨까

생각은 점점 사모를 낳고
사모가 낳는 따듯한 마중물

그 문 열고 뚝뚝, 푸른 어머니 핀다
깊은 불면 뿌리를 키우며
가지 끝 활짝, 적막이 진다

위험한 밥알들

쌀자루를 이고 길 건너던 할머니
발을 헛디뎠는지 넘어지셨다

지나가던 사람들 걱정하며 모여들자
괜찮다, 사래 치는 삭정이 같은 손
그 구부정한 내력 위로 마른 뿌리들이
얼기설기 그물처럼 길을 내고 있었다

저 길 속으로 밥을 나르는 것
마르지 않도록 물을 대야 하는 것

산다는 건 저렇게 위험한 밥알들을
뿌리 속으로 날마다 나르는 것이다

세한의 길목에서

바람 선뜩거리는 늦은 밤 포장마차

허름한 옷차림의 중년 사내 하나가
흙 묻은 연장 가방을 어깨에 둘러맨 채
바늘귀 같은 입속으로 국숫발을 밀어 넣고 있다

블랙홀처럼 빨려 들어가는 무명 실꾸리

하루치 생을 서둘러 박음질하려는 듯
선 채로 내리박는 한밤의 생존사여

휘려야 휠 수 없는 고적한 저 아비의 길

사모곡

먹다 둔 감자상자를 열었습니다
가느다란 싹들을 매단 채
감자 색이 변해 있었습니다
먹어서는 안 된다는 푸른 독
깊이 칼을 넣어 싹과 함께 도려냅니다
도려내도 깎아내도 박혀 있는 질긴 끈
그것은 독이 아니라 약이었습니다
살 내주며 저항하는 모성이었습니다
쭈글쭈글 물기 없는 몸,
할딱이는 탯줄들을 힘겹게 걸어 놓은
갈증 같은 어머니의 전생이었습니다

쓸쓸한 해후

심근경색증으로 아버지 돌아가셨다

죽음의 복 타고났다고
곱게 사시더니 쉽게 돌아가셨다고
말하는 사람들아 월정사에 가보시라

울울창창 전나무 길
쓰러져 있는 이백 년 된 나무 한 그루를 보면
죽음의 복 받았다 차마 말하지 못하리니

무슨 일 있었느냐 묻지 말아라
죽어 있는 그의 속 들여다보았다면
왜 저토록 텅 비었을까 생각 들기 전
이는 뜨거움에 목 먼저 메이고 말 테니

쉬이 돌아가셨다고 말하는 사람들아
월정사 전나무 숲에 가면, 거기
자식들에게 파 먹힌 속
차마 보이지 못한 만장 같은 아버지가
속 없이 빈 껍질로 펄럭이고 있을 테니

슬픔이 피는 저녁

청보리 사이로 노란 장다리 하나
꽃모가지 쑤욱 내밀었네요

혼신으로 들어 올렸을 가녀린 발꿈치

어디서 왔느냐고 어떻게 왔느냐고
묻지 말고 가세요

생각하면 척박한 생 어디 한둘일까만
무엇 될 수 있다면
되어 소망 이뤄줄 수 있다면
꼿꼿한 저 외로움 곁에
수컷이 되고 싶어요

든든하고 믿음직한 수컷이 되어
무장무장 따뜻한 일가 이뤄주고 싶어요

목련

허기진 부리로 허공을 쫀다

어둡던 하늘에 실금이 가고
틈 사이로 갇혀 있던 햇살이 쏟아진다
철컥, 봄이 열리고
나무마다 꽃이 피기 시작하였다

그러나 그때는 몰랐다
봄을 끌어오느라 허공을 쪼던 부리
그 늘어진 혀 밖으로
끈끈하게 배어 나오는 핏물의 아픔을

고요하게 파문 짓던 몇 날의 절정

끝내 감추었던 상처는 덧나고
축축한 생을 마감하듯
꽃 닫는 소리 툭툭 피지만
누가 함부로 그를 잊을 수 있겠는가

자식 위해 꽃자리 선뜻 내주고
만장처럼 펄럭이다 말없이 떠나가는
저기 또 하나 세상의 어머니를

뿌리

고구마 두 개를 접시에 앉히고 물 부었다
며칠이 지나자 싹 틔우고
꼿꼿하게 줄기 세우기 시작했다
제법 넌출거리는 덩굴,
뿌리가 궁금하여 고구마를 들어보니
누구 것인지 알 수 없게
몸 섞어 하나를 이루고 있었다
가족이란 저런 것이다
둘이 만나 하나 되는 것,
그 하나가 디딤돌 되면
자식들 그걸 딛고 걱정 없이 자라는 것, 설령
그게 부모의 살인 줄 모르고
피인 줄 모른다 해도 탓하지 말라
잘 자라 주는 것만이 오직 뿌리 된 자의 참사랑이니
보이지 않는 곳에서
보이는 것들을 위하여 묵묵히 헌신하는
바로 그게 깊고 넓은 부모의 마음이니

가로등

깊은 밤
뿌리 없는 자의 혼곤함을 본다

충혈된 눈빛에서 흘러나오는
감각 없는 응시

아무에게도 기댈 수 없는
저 꼿꼿함 열어보면
얼마나 많은 아픔이 출렁거릴 것이냐

쓰러질 때까지 버텨야만 하는
직립의 생

나를 잃어버린 세상의 아버지가 거기 있었다

무적(霧笛)

안갯속으로 사라진 이름
기다림은 끝내 병이 되었나
끊긴 가계의 연대기를 소리로 쓰려는 듯
안개만 보면 우우우 짐승처럼 울부짖는
저기 저, 펄럭이는 아버지의 붉은 혀

비문증

작은 새 한 마리 내 안에 들어왔다
길을 잃은 것일까
되돌아 나갈 생각을 않는다
낯가림 심한 나도 그가 불편해
안과를 찾았으나 길이 없단다

길이 없다는 말, 간결해서 환한 말

조금은 답답하고 쓸쓸하지만
아무것도 모르고
눈길 머무는 곳마다 먼저 가서 앉는 그

내 안에 와 머무는 것이 어디 너뿐이랴

한때 나를 살다간 절망처럼
더부살이에 혹시 눈치를 볼까 싶어
내 불편이 갇혀 지내는 그보다 더하랴 싶어
식구처럼 껴안고 살기로 했다

피지 않는 봄

아흔두 해를 산 집
그 집이 지난 폭설에 무너졌다

너무 낡아 리모델링도 안 된다며
의사는 퇴원을 권유했는데
고장 난 기둥에 마음을 묶은 채
그믐 쪽으로 등을 누이는 오래된 집 한 채

가파른 봄 기어오른 병실 밖 꽃들이
창틈으로 꽃 향을 날려도 보고
햇볕이 집 안팎을 말려 보아도
꺾어도 자꾸 피는 우울을 배경으로
나지막이 흐르는 회색빛 적요

젖지 않게 젖어드는 눅눅함처럼
서서히 녹아가는 빛바랜 초심에
무릎 세워 불효 다시 닦아보지만
집 밖에만 화사하게 피어나는 꽃

돌아오기엔 아무래도 먼 봄인 것 같다
돌아가기엔 아무래도 먼 길인 것 같다

파랑 주의보

아산병원 중환자실
지아비 업은 물총새 한 마리
바다를 건넌다
성긴 날개 펼쳐 슬픔을 건넌다

빚 뒤에서 생을 덮친 교통사고
어느 누가 죽음으로부터
자유로울 수 있겠냐만

파고계도 멈춰버린 생의 변방에서
눈물로 뿌리는 무언의 유서를
서른 깃 아래 받아 묻는 가녀린 지어미

흔들리는 끈 결
시간도 길을 잃었는가
가다가 다시 오는 밤은 더 깊고

* 물총새는 바다를 건너다 수컷이 지치면 암컷이 업고 간다고 한다.

천국의 길목

일곱 살쯤 돼 보이는 소녀가
맹인 아버지 모시고 과일가게에 왔다

사과는 빨갛고요 포도는 초록이어요
고물고물 입술에서 꽃씨처럼 터지는 말,
환경에 지배되는 게 사람이라 하지만
환경을 지배하는 조그만 아이와
그가 그려내는 따스한 풍경 한 점

그래, 그 사과 참 붉고
포도도 아주 맛있게 익었구나
어린 딸에게 건네는 눈먼 아버지의 말빛과
덤으로 사과 한 개를 더 얹는 과일 가게 아주머니

서로가 서로에게 빛 되고 소금 되는
그 심사 절창이다, 거기가 곧 천국이다

꽃 듣는 밤

세 살배기 조카의 입에서
꽃이 터진다
간이 배지 않은 생수 같은 말의 꽃

그 꽃길 따라
어린 날 놀던 꽃씨방 속으로 들어간다
동심원에 그려진 아장 걸음과
푸들거리는 말들의 앙증맞은 이파리들

사금파리처럼 반짝이는 연둣빛 날들이여
시렸던 오십천 그 빛 딛고 건넜다만
자주 꺼내 보아 닳아진 기억의 힘줄,
나 이제 무엇 잡고 이순의 강을 건너가나

비방 같은 봄비는 이슥토록 내리고
켤 수 없는 울음에 목젖 아픈 밤

어제 나간 내 잠은 문밖을 떠도는데
꿈나라 가신 어른의 어미는 또

무슨 꽃을 빚으시려는지
오물오물 말의 씨앗을 방 가득 풀어놓고

뿌리를 위하여

흰 고무신 한 짝이 망촛대 사이에 버려져 있습니다
누군가의 생을 끌고 다녔을 말랑한 고무바퀴 하나,
아무것도 할 수 없는 외짝의 수레를 생각하다가
기다림에 버려졌을 또 하나의 아픔을 생각해 봅니다
버린 줄도 모르게 버려진다는 것
잊은 줄도 모르게 잊힌다는 것
산다는 것은 그렇게 늘 관심과 무관심의 경계에서
눈먼 바라기를 하는 게 아닐는지요
쩔뚝이는 빈 수레 소리가 이명처럼 들리는 오후
떠나온 열대를 그리워하듯 뚫린 가슴팍
찰랑이는 빗물 위로 둥둥 계절이 흘러갑니다
한때는 푸른 가계(家系)를 꿈꾸었을 고무나무의 수액
어느 시린 계절을 지날 즈음이면
더듬어 갈 그 길조차 끊길 것을 압니다. 그러나
그는 뿌리 깊은 나무의 족보를 가졌으므로
끊겨도 아주 끊어지지 않으리라는 것 또한 믿어봅니다

할머니의 꽃밭

지팡이를 의지한 채
목단 꽃을 품고 오시는 할머니
돌아보니 등에도 한 짐 지셨다

어느 날엔 붉은 장미를
어느 날엔 이름 모를 풀꽃들을
문신처럼 옷 가득 피워 내신다

꿈길도 춥다는 아흔의 열린 문
꺼진 봄 켜놓고 기도라도 하시는지
뿌리도 없이 잘도 벙그는 할머니의 꽃

눈 오시는 오늘은 또 무슨 꽃을 피우셨을까
우산을 피해 나온 둥그런 등줄기에
환하게 켜진 보랏빛 라일락

그 위로 겨울 나비 내려앉는 저 몸은
바람이 터를 일군 사철 꽃밭이다

3부

만남의 수사학

만남의 수사학

새 구두를 신으면 발이 불편할 때가 있습니다
구두를 손보고 상처를 아물리고
몇 번쯤 아픔을 겪은 후에야
비로소 편해진 신과 발의 관계처럼
사람과의 만남도 그렇습니다
맞지 않아 애태우던 새 구두가
날 선 빳빳함을 헐렁하게 내려놓고
낯선 발 보듬는 집이 되었듯
항상 내 곁에서 꽃 되고 잎 되도록
지켜봐 주는 거기 당신,
혹여 내가 나도 몰래 그대를 아프게 해
내 곁 떠나고 싶었던 적 없었는지요
그대가 아끼는 낡은 구두,
아직 내가 당신에게 그런 사람 맞는지요

말의 지층

보이지 않는 말에도 모서리가 있습니다 그 모서리에 까닭 없이 마음 베일 때 나는 소통의 강에 나가 포용의 배를 띄웁니다 쉬이 떠난 배는 사랑을 받아 싣고 되오기도 하지만 상심에 겨운 배는 말의 무게에 눌려 그 자리에 가라앉고 맙니다 그럴 때면 나는, 나도 맞서 말의 모서리를 세우지 않게 해달라는 간구를 얹어 다시 배를 띄웁니다 잿빛 늪에 갇혀 무자맥질하기보다는 힘겹게라도 흐르다 보면 언젠가는 허허바다에 이르지 않겠는지요 스스로 가지 못하면 밀려서라도 가지 않겠는지요 가다 보면 애먼 강 굽이돌다 전신이 빛 된 말의 화석을 어느 배 닿는 곳 지층 속에서 만나게 될 것 같아서요 제 몸 헐어 영혼의 집을 지은 부드러운 말의 어제를 처음인 듯 그렇게 다시 만나게 될 것 같아서요

말없음표

아니다, 정말 아니다
마침표 하나 탁, 찍어 놓았다
그래 놓고 아무래도 아닌 듯하여
슬그머니 꼬리를 내려놓는다

그럴 수도, 정말 그럴 수도
쉼표 하나 조심스레 찍어 놓았다
그래 놓고 아무래도 아닌 듯하여
싹둑, 꼬리를 잘라버린다

붙였다 잘랐다 다시 붙여 보지만
넘침과 모자람은 늘 한통속

불안한 마음속을 찬찬히 들여다보니
편견 하나가 실하게 자라고 있었다

뿌리를 뽑아내자 환해지는 마음자리

그 위에 저희끼리 살 비벼 흠을 지운

몽돌 같은 부호 하나가 화두처럼 피어났다
혀를 버린 편견, 그 잔잔한 침묵 속에서

괄호를 풀다

깻잎 단을 풀다 보니
속에 있는 몇 장이 시커멓게 상했다
괄호 속에서 괄호 밖을 꿈꾸었을
젖은 가슴들

갇힌다는 것, 혹은 가둔다는 것
내 속에 누군가가 갇혀서
내가 누군가에게 갇혀서
말 못한 채 저렇게 썩어가고 있는 건 아닐까

여기저기 묶어 놓았던 관계에 괄호를 푼다
말뚝 밖으로 쓰러지는 젖은 눈빛들
품어 싸매고 상심은 말려 초심 위에 뉘인다
환하게 피어나는 공존의 길

지워진 경계, 그 처녀지에서
내 의식의 흰 뼈가 오래도록 시렸다

呻聞을 읽다

거실에 누워 新聞을 보다가 나도 몰래 잠이 들었다 얼마나 잤을까 깨어나 보니 바람이 혼자 통독을 하고 있었다 뒤로 넘기다 앞으로 다시 넘겨가며 되읽고 있었다 모두 다 읽었는지 갈피를 덮더니 어느 면을 펼쳐 놓고 슬며시 나간다 장기가 파손되어 장시간 수술을 하였다는 성폭행 당한 어느 초등학생에 대한 사회면 기사였다 미안하다 미안하다 대한의 딸아 행간에 눈이 걸려 더 읽지 못하겠구나 배부른 시대의 빈한한 파발이여, 허방 같은 申聞鼓의 부러진 북채여, 언제나 행복한 新聞을 읽을 수 있을까 바람도 피해 가는 통한을 껴입으며 오늘도 나는 辛問 앞에 呻聞을 읽고 만다

신의 가방

바다는 가방이다
부드럽고 질긴 물가죽 가방이다

신선한 것을 늘 채워 두시고
필요한 걸 누구나 가져가게 하시지만
예고 없이 지퍼를 잠그시기 때문에
가끔은 대속처럼 죄 맑은 자가
그 속에 갇혀 질식사하기도 한다

아무리 소리쳐도 열릴 때까지
기다려야 한다는 것 외에
우리가 할 수 있는 일은 아무것도 없는
할 수 없다는 것만이 진실인 그곳

그곳은 태초에 말씀을 부은 곳이자
생의 마지막 것들이 흘러드는 곳이기에
우리가 지키지 않으면 안 될 묵약의 곳간이다

늘 열려 있지만 우리의 생을 물고 있는 바다,

언제 닫힐지 모르는
병기 같은 지퍼를 가진 바다는
절대자의 질긴 물가죽 가방이다

끈

초록을 막 벗은 감 하나 마당에 떨어졌다
어떤 절박이 꽃받침도 챙기지 못하고
이 먼 길을 오게 했을까
감을 주워 손바닥에 올려놓고
유언 듣듯 한생의 가계도를 읽는다
옹골차게 품은 씨앗 밖으로
툭툭 끊기는 가파른 숨소리
저 숨소리 다시 열린다 해도
떨어진 천 길 계단을 무슨 힘으로 오를까
바람처럼이라도 비처럼이라도
흐르다 만나라고 스치듯 스미라고
나무가 마주 보이는 마당 가에 묻어 주고 돌아선다
그날 밤 TV에
아버지의 폭언을 견디지 못한 만삭의 소녀가
미혼모 시설을 찾았다는 소식이 나오고
내 잠 속에는 하얀 감꽃들이 들어와
제 속 깊이 단단하게 씨앗을 박고 있었다

오늘 읽은 책

남편과 사별 후
시어머니와 둘이 사는 친구를 만났다
십이 년째 대소변을 받아 내지만
얻는 게 더 많다며 환하게 웃는 그
속과 겉이 하나같은 진실함 속에
읽혀질 삶의 페이지가 그만 같다면
그 모습 기껍게 필사할 수 있다면
살아 덜 부끄러운 날 되지 않을까
소리 없이 길 되는 눈의 깊은 말
아무나 들을 수 없는 향기로운 말
미사여구 없이도 넘치게 따듯하고
어눌한 서술도 충분히 차가운
평심으로 눌러 쓴 필생의 章들,
한 줄 덜어 내 생 사이 서표로 끼운 후
인명록 제일 위에 그를 얹는다
들어갈수록 더 찰진 문맥들 사이
잠시 나를 내려놓고 기대기도 하지만
바라보기도 차마 부신 육필 자서전

낡아서 더 귀한 양장본 그는
모방도 빛이 되는 아름다운 명작이다

관계론

내리는 눈 몇 잎 손바닥에 받습니다
눈물처럼 고이는 가벼운 순수,
아무리 어려운 관계도 어느 한쪽 따듯하면
언젠가는 녹아 함께 흐를 수밖에요
까닭 없이 떠난 사람 탓 않고 두었더니
어느 봄날 홀연히 나타나
아무렇지도 않게 내 안 흐르고 있겠지요
잘 못 치워 질척임 만들지 말고
마음 한 편 열어 놓고 바라보는 일
무심 같은 그 일도 참 괜찮습디다
다시 못 볼 것 같은 아픔이라 이름한 것
깊은 산 타고 도는 봄의 물처럼
제 소리 찾아 졸졸졸 흐르더라니까요
돌 같던 내 마음도 아흐, 정말
바보처럼 녹아 함께 흐르더라니까요

가는 봄, 오는 봄

노란 별꽃 보고 온 후
밤새 배가 아팠다

봄내 물김치를 담아 먹던 돌나물들이
지난밤 내 몸에다 별을 낳았나 보다

내 피를 따라 돌고 돌다가
산달 되어 급하게 산문을 열었으니
산통에 나도 따라 아플 수밖에

세상에 더 환하게 꽃피우지 못하고
내 안에 몸 푼 건 짠하다마는
먹은 나나, 먹힌 너나 따지고 보면 한통속

속없이 내 안에 너 들인 죄로
별 밝히고 별 끄는 일로 내 한 봄 다 가겠다

정신의 탁발

천왕봉에서 날아온 나무 매 한 마리가
깃을 접고 앉았다는 추월산 보리 암자
힘겹게 오른 절벽 채 닫히기도 전
목탁 새 우렁우렁 경문을 건넨다, 아니
경문을 풀어낼 열쇠 하나 건넨다
무엇이 갇혔다는 것인지 어디를 열라는 것인지
생물 한 바가지 마시며 가슴을 축여 보고
뿌리 접힌 느티의 육탈도 짚어 보지만
좀처럼 굴러갈 줄 모르는 삼보리의 법륜
잡념도 깊어지면 고요가 되는지
저문 소망 한 자락 마음 밖으로 꺼내자
보리 껍질 우수수 무심처럼 떨어진다
가둔 것 없으면 열릴 것도 없을진대
스스로 받아 챙긴 오욕의 열쇠라니
무거운 발소리로 산수 다 깨운 후
절뚝거리며 내려온 다시 사람의 마을
부려 놓은 등짐 문득 궁금해
슬며시 올려다본 보리암 느티부처
쭈그러진 내 바랑이 가엾었던지

천길 금강을 한 뼘쯤 밀어 놓고
젖은 눈으로 가만히 나를 내려다보신다

말벌레

벌레 한 마리 달팽이관에 갇혔다

닫아 놓은 눈을 비켜
귓바퀴 굴리며 온 말 벌레
아예 붙박이처럼 눌러앉아
알을 슬었는지 귓속이 만삭이다

나비라도 되어 날아가면 좋으련만
남아 화석이 되는 건 아닐지 몰라
내 몸속이 얼마나 어둡기에
벌레 한 마리의 빛이 이리도 밝을까

육신으로 가지 뻗고 정신으로 뿌리내린
검은 말의 힘이여
쉼 없이 오르내리는 튼튼한 관절

구불구불 달팽이 길 슬픔이 환하다

흔들리는 회귀선(回歸船)

또다시 물을 벤다 격랑 같은 남자의 강, 출입문 쪽으로 강둑이 터졌는지 시퍼런 물소리가 통로 가득 넘쳐난다 물속에 갇혔던 아이들이 떠밀려 나오고 무뎌진 칼을 버린 채 여자는 공명관 같은 비상구에다 낭자하게 소리 꽃을 피워댄다 시작만 있고 끝이 없는 저들의 물 베기, 끈질기기도 하여라 생각될 즈음 휴전인지 종전인지 창문 가득 꽂혀 있던 깃발 같은 불빛이 내려지고 소요를 비켜 나온 고요의 침잠 잘리다가 만 물 몇 올이 목 꺾인 남자의 바람꽃을 태우고 천천히 계단 아래로 내려온다 밀려갔다 밀려왔다 토사가 된 시간들이 귀 접힌 밤의 하구에 모래톱을 쌓는다 침식된 잠의 흰 피톨, 노란 어질머리 하나가 불면이라는 퇴적층에 물풀처럼 눕고

깃발

한 마리 눈먼 새여
천만리 넋새여

연리지 푸른 혼을
한쪽 날개에 싣고
가리라, 보리라
어둠을 가르는

저기
외눈박이 비익조 한 마리

허공도 벽이다

갓 태어난 담쟁이
힘겹게 담 위를 기어 올라가더니
몸 틀어 옆으로 길을 내고 만다

더 이상 위로는 켜지지 않는 길

너무 부드러워 기댈 수 없는
허공이라는 벽 앞에
흘러내린 시간은 묵약처럼 깊은데
그 벽을 찢으며 날아가는 새떼를 따라
바람 당기는 푸른 잎들

환하게 봉인된 壁과 闢 사이
갇힌 건 무엇이고 열린 건 무엇인가

이 생각 저 생각 피다 지는
담쟁이넝쿨 아래
올려다보니 갇힌 건 나뿐이었다

그늘진 비망록

봄 되어 화분들을 베란다로 옮겼다
볕이 들자 키 큰 꽃나무에 가려진 키 작은 화분들

무릇 위를 향해 자라는 것들은
제 그늘에 가려져 볕을 그리워하는
키 작은 것들의 아픔을 놓치며 가는 건 아닌지
이리저리 분을 옮기며 마음을 쓰는데
정작 꽃들은 아무렇지도 않은 듯 낯빛이 환하다

일손 놓고 가만히 생각해 보니
불편해 하는 건 꽃나무가 아니고
그것을 바라 보는 내 마음이었던 것을

내 늑골 깊이 숨어있던 그늘진 상처 하나가
순간, 불쑥 나왔던 것을

길 속의 길

폭우 쏟아지던 날
길 하나 더 생겼다

함께 가자며, 쉬이 가자며
기꺼이 제 몸 연
길 속의 또 한 길

비 그치자
그믐을 등에 업은 할아버지 한 분
삽 들고 파인 길의 속살을 채우신다

동글동글 팔목에는 부처가 환하고
내 안에 그 뿌리 사랑으로 내리고

따듯한 소묘

할머니 한 분 파마하러 오셨다
쉬이 풀어지지 않도록 단단히 말라는 목소리
당부보다 높이 켜져 미장원을 울린다
흡사 라면발 같이 꼬불거리는 머리에
흡족하신 듯 만면에 흘리시는 웃음
유리문 밖에는 목련이 희고
목련꽃 그늘로 드는 노부인의 발걸음이
잘 삶아진 국숫발처럼 투명한 오후,
마음과 마음이 만들어 낸 따뜻한 은유가
가슴과 가슴 사이 마중물을 만드는데
야채 행상으로 어렵게 삼 남매를 키우셨다는
등 굽은 할머니의 뒷모습을 보며
구불거렸을 노부의 생이 쭉쭉 펴지기를
남은 길 생라면처럼 부러지지 않기를
기원했다, 다만 머리카락 위에서는
오래오래 꼬불꼬불 풀어지지 말기를

덫

눈 내리는 밤의 버스 터미널
사십 대 중반쯤 되어 보이는 남자 하나가
차에서 내린 내게 다가와 슬몃 손을 내민다
자존을 버리고 이상도 버리고
노숙자라는 이름을 전신에 새긴 남자
빵 하나를 손에 들고 가게를 나오던 뒷모습이
김 오르는 내 밥그릇 위에 자책으로 고이고
얽힘과 풀림을 되풀이하면서
원심에서 분리되어 나가는 생의 파편들
한마음 안으로 들이면
또한 마음 밖을 도는 눅눅한 시간 속
목화솜 같은 눈발은 천지에 만발한데
씨아*도 없이 그의 물레는 무슨 꿈을 잣고 있을까
불면은 점점 폭을 넓히고
길 지우는 눈꽃들 축포처럼 터지는 밤
고통스러울수록 빛은 더 색을 발하나
남아도는 십자가 불빛이 오늘따라 더 붉다

* 씨아 : 목화의 씨를 빼는 기구

4부

가을 여자

다시 쓰는 가을

산다는 것은
조금씩 낡아가는 것이다

낡아가면서 차츰
둥글어지는 것이다

바람 드는 가을날
온전히 익힌 열매
가지 끝에 매달고
이름표 지우는 나무들처럼
마음에서 나를 놓는 것이다

살다 간다는 것은
몸 빌려 한생 감사했노라
둥글고 가벼워진 나를
자연 앞에 공손히 드리고 가는 거다

가을 즈음에

뼈마디 위에다 살 심은 반백 년
오관마다 열린 오욕 실팍하구나
무겁다 뼛속은 구멍을 내는데
주렁주렁 그것도 가을이라고

곡선에 들다

구부러진 오이를 파는 할머니,
왜 모두 이렇게 휘었느냐고 묻자
끝물이라 그렇다신다, 끝물이 되면
당신처럼 반듯한 게 없다며 웃으신다

몸도 휘고 푸름도 잃고
살결마저 두꺼워진 오이
그 몸을 빠져나가지 못한 가시 몇만
옹이인 듯 자존인 듯 드문드문 박혀 있다

꽃 되어 왔던 길은 어디로 가고
직선을 향하던 길은 왜 휘어졌을까

한 생을 걸어왔던 삶의 흔적을
천천히 받아 읽고 돌아서는데
휜 등 어루만지는 오이들 사이
저문 듯, 저무는 듯 낯익은 사람 하나

누구일까 가만히 들여다보니

칼칼하던 성깔 반으로 구부린 채
기울어진 등줄기 옷 속에 감춘
내가 거기 뉘엿뉘엿 피어 있었다

피어라, 봄

줄을 따라 아이비 올라간다

제일 먼저 올라가던 녀석 무슨 심사인지
곡예 하듯 줄을 빠져나와 허공에 건들거린다
하지 말라는 것은 꼭 해보고야 말던
가지 말라는 곳엔 꼭 가보고야 말던
모자를 옆으로 눌러 쓰고 가방을 옆구리에 낀 채
한쪽 발을 흔들어대던 동창생 '건들이'다

혼자 놀기가 시들해졌던지
아니면 볼 것 다 보았다는 것인지
뒤따라 올라오던 다른 친구 팔을 끌며
함께 벽을 오르는 구척장신 건들이

칠 년만에 만난 친구를 보고
자주 좀 만나자며 너스레를 떨더니
오늘 다시 만나자고 약속을 했던 걸까
세상이 다 내 것 같던 초록빛 언덕을
건들건들 어깨걸이를 한 채 오르고 있다

봄날은 간다, 봄날은 간다
이미 가버린 봄날 뒤에서 흰 머리 아이들 둘이
넌출넌출 소리를 감으며 오르고 있다

대꽃을 피우다가

삼경에 닿는 무음의 기적(汽笛)
멈춰선 죽간에 꽃 한 분 내리시고
저릿저릿 가슴에 물떼가 핀다
달빛도 숨죽인 묵향의 밭
스며야 할 곳 번짐이 앞섰나
환하게 열리던 대꽃의 파계,
흔들린 붓끝에 백 년이 닫히고
꺾인 꽃 만발한 뜨거운 절연에
고요만 남아도는 서늘한 새벽

분갈이

삭정이 같은 몸 열고 너를 꺼낸다
너 죽여 얻었던 한 뼘의 평화와
너 살려 얻었던 격 없는 실리여
더는 분(盆) 밖으로 눈 주지 않으리니
미안하다 마음이여
뿌리 깊은 곳으로 편히 길 내시라
세상 빌려 쓰듯 몸 빌려 사는 생
듣지 말아야 할 말 많이 담았고
하지 말아야 할 짓 많이 탐했고
보지 말아야 할 것 또한 많이 들였음이니
낡은 그릇 얼마나 버거웠으랴
몸이나 마음이나 거두며 가는 것
썩은 생각 잘라내고 북 새로 주었으니
저물어 가는 육신의 길
주름진 살꽃이어도 환해지지 않겠느냐
채움만이 전부였던 미혹의 시간
무지의 내 어제를 부디 용서하시고
무거움에 겨워하는 내일 없도록
가벼이, 가벼이 비우면서 가시되

어쩌겠는가 마음이여, 하나뿐인 몸
비루먹은 누의 집 되지 않도록
가는 길 서로 다독이며 가시라
서녘으로 휘어진 적적한 외길
부디 맞잡은 손 놓지 마시고
서로 아껴 살뜰하게 품어 주며 가시라

봄날은 간다

누군들 태어날 때
名品으로 태어나지 않았겠느냐만
내게도 明品으로 살아온 날 있지 않았겠느냐만
고장 난 풍향계처럼 헛맴을 돌다 보니
어느새 나의 몸 瞑品 되어 있었고
무엇이 그리 추웠던가 눈 들어보니
瞑品이란 겹옷까지 걸치고 있었더라
살아보겠다고
살아내겠다고
바닥 같은 생 세우며 鳴品처럼 견뎌 온 날
이제 덤인 양 살아도 될 오십천을 건너오니
明品이나 冥品이나 한 끗 차이라
크신 님 내게 어서 오라 부르시면
命品의 깃이야 접혀지고 말겠지만
후미진 세상 한 편에 조그만 이름 석 자
혹여 銘品으로 남겨지지 않을까
미래 당겨 酩品처럼 뇌까려 보는
목 꺾인 동백, 발아래 흥건한 밤

花紋石

사철 열린 문 안에서 말 잠근 채
동안에 거하는 꽃 하나 만났습니다
몸 밖으로 나가 소음 됐던 것들을
안으로 들여 꽃을 만든 돌의 내부
관념을 이탈한 생의 은유가
생멸의 이름으로 환하게 피었는데
탁본 같은 꽃 속 들여다보다가
꽃 밖으로 돋는 커다란 고요가
소리보다 더 애틋한 몸짓으로 다가와
몇 다발 몰래 꺾어 들고 왔습니다만
뿌리 닿은 내 한끝이 흔들리면서
성대 깊이 불을 켜는 샛된 홍진

잃었던 봄의 시원으로 막혔던 피 돌아가던
위태로운 그런 봄날 있었습니다

몸 다시 입다

집 나와 문밖에서 내 집을 바라본다
반듯하던 벽은 한쪽으로 기울고
고장 난 기계처럼 삐걱이는 마디들과
세사에 막혀 좁아진 배수관
저곳이 내가 살던 집이었구나
보기에도 낡아 위태로운 집 한 채
타성 벗겨내고 자존을 입힌다
지혜 받쳐 용기 세우고
믿음 얹어 소망의 벽 다시 바른다
반백의 날들은 이미 지나갔으나
오늘은 내게 남은 첫 번째의 날,
허락된 시간의 뼈 아위어 춥더라도
정신의 꽃 아직 상치 아니 하였으니
드시라, 기쁨이여 이제 허욕으로는
한 장의 주추*라도 함부로 괴지 않으리니

* 주추 : 기둥 밑에 괴는 돌 따위의 물건

둥그런 기우(杞憂)

장대비 맞고 가는 소아마비 학생
뛰어가 함께 우산 받는다
이미 다 젖었는걸요
너무 환한 웃음에 내가 놀라고
값싼 연민 공연히 부끄러워
늘인 잣대 감추며 마주 웃는다
몸이야 이미 젖었다지만
마음 밭 눅눅하면 상처꽃이 핀다고
굴러가는 기우를 붙잡는 노파심
늙으면 마음도 말이 많아지는가
넓어지려는 오지랖 애써 여미며
내가 건넨 우산이 희망이길 빌었다

창

화분을 들다 팔 삐끗했네
낫겠지, 낫겠지
뚝심도 약이 되지 못하는 나이가 됐네
한의원에 가 침을 맞고 부항을 떴네
몸 밖을 빠져나오는 검붉은 피,
진즉 창을 내주지 못한 팔에게 미안해졌네
창을 내는 일이 어디 몸뿐이겠나
여기저기 막혀 있는 마음의 벽
그곳에도 넓게 창 하나 내 보네
접힌 사고의 관절을 펴며
몸 밖으로 날아가는 눅눅한 생각들
팔 한쪽을 물고 있던 충실한 통증이나
습자지처럼 젖어 있던 마음, 그것은
미욱한 내게 건네는 화두시였네
산다는 건 늘 소통하는 것이라고
소통되어야 하는 것이라고
따듯한 은유의 몸시 한 편을
내 생의 갈피에다 끼워주고 간 거였네

자폐의 계절

봄인가 싶어 문을 여니
이미 봄은 가고 없었다

담으면 쏟아지고
쏟아지면 쓸어 담는
허방짚기

나를 찾으러 갔다가
너를 찾아 헤매는
불충한 충복이여

저물어 빛나는 것은
어둠뿐인가
산지사방 열리는 바람의 길

부고도 없이 또 한 겹
몸은 새고

변절기

모든 것이 피기만 하는 외길의 봄
지난가을 젖은 맘 말리며 떠났던 것들이
마른 가슴 적시며 다시 오고 있네
내 걸어왔던 지난 봄 길은
그대 가슴 한복판에 꽃 되렴이 아니요
가는 길 동행의 노래고자 했음에
그대 이리 환하니 묻힌들 봄 아닐까만
어제를 휘묻이한 새로운 뿌리 위에
오늘이란 푸른 봄눈 밝게 트이니
한쪽 가지 잘라낸들 이 또한 봄 아니랴
그 위에 시린 북풍 시샘으로 온다 해도
간지러움 없이도 돋아나는 새살들
하더라도 사람이여
아픔 없이 피는 길 세상 어디 있겠는가
아픔 없이 지는 길 세상 어디 있겠는가

추억을 앓다

하교 시간
한 무리 참새들 버스에 올라타더니
쉴 새 없이 콩닥콩닥 말방아를 찧어 댄다
어느 것이 알곡인지 어느 것이 껍질인지
한데 엉겨 쌓여 가는 왁자한 도정
조용하라, 누군가 언성 높여 보지만
삼십 초의 정적 끝 다시 감아대는
시리도록 푸른 무례의 방아여
몇 번의 문이 열리고 닫히는 사이
낡은 기억 읽어 주던 작은 참새들
제 둥지 찾아 모두 날아가고
남아도는 고요 속 수북한 말 껍질들
헤집어 알곡 몇 마음에 담는다
지붕 없는 새의 빈 둥지처럼
비었던 가슴 밭에 푸른 물 듣고
쉼 없이 돌아가던 소음의 피댓줄에
상추처럼 푸들거리는 열다섯 풋추억
어제를 찾은 곳이 버스 속이었다면
내일은 또 어디서

빛바랜 시간 한 폭을 읽을 수 있을까
잠 걷고 떠다니는 물컹한 기억,
그 접혀진 시간의 주름을 펴며
무뎌진 서정에 풀무질을 해 본다

기울다

하늘거리는 꽃 보면 눈물이 난다
늙은 부부의 맞잡은 손
보기만 해도 자꾸 눈물이 난다
슬프고 아파야만 흐르던 눈물
따뜻한 풍경 앞에서도 곧잘 흐른다
아름다운 모습에 눈물 난다는 것은
반목보다 화해가 크기 때문이겠지
이성보다 감정이 앞서기 때문이겠지
너 잃고 너를 다시 찾는 일보다
나 잃고 나를 찾는 일이 많아진 이즈음,
순한 것들과 손잡고 헐렁헐렁 가다 보면
벌레 먹은 갈잎 하나도 작정 없이 고와서
염치없이 콧등 시큰거리고 마는
평형 잃은 누옥의 대책 없는 기울기

가을 여자

신발 하나 새로 장만하면서
뾰족한 구두코는 둥근 것으로
높았던 굽은 낮은 것으로
꼭 끼던 크기도 넉넉한 것으로 바꾸었다
무거운 내 생을 끌고 다녔을
또 다른 생에 대한 때늦은 배려다
신과 발 사이 걸림 없는 바람이
경계와 경계 속에 사소한 소통이
마음까지 이토록 가볍게 할 줄이야
바람벽에 잠시 생각 걸어 놓고 눈을 감는다
늙어 간다는 것은 두껍고 질겨지는 것이지만
낡아 간다는 것은 얇아지고 가벼워지는 게 아닐까
낮아지고 헐렁해진 사유의 변방에서 문득,
낡아 가는 여자가 되고 싶다
가벼움에다 생의 보폭 맞추며 살아가는
한 그루 가을 여자가 되고 싶다

누구시길래

어젯밤 꿈에
신발 한 짝이 떠내려갔다

워낙 급류라 건질 엄두도 못 내고
안타까이 바라만 봤다

나이를 먹고도
헛꿈의 행장을 꾸리는 내가
아슬아슬하신지

그분은 기다렸다는 듯
잠 길에 먼저 오셔
신발을 그렇게 늘 감추고 가신다

시월

가을을 타서 마신 밤이라는 술
홀짝홀짝 마시다 보니 빈 독이 되었다

별은 꺼지고 달도 돌아가
내 맘도 함께 끄고 누워보지만
사방에서 들려오는 붉은 종소리

귀 막고 눈 막아도 스미는 가을인데
뎅그렁뎅그렁 만산홍엽에
취한 마음 또 취하는 내 안의 가을인데

대청봉은 어느 사이 눈으로 갈아입고
동안거에 들어갈 준비를 한다

색과 말을 내가 껴입는 동안
색 벗고 말 벗고 그저 고요히

내 나이가 어째서

봄이 왔다기에, 꽃이 피었다기에
깃발 같이 펄럭이는 마음 앞세워
산을 올랐다지요
색색으로 환하게 갈아입은 꽃나무들
반가워, 반가워 인사 건네며
신 나게 산을 올랐다지요
마음에 한참 꽃물이 드는데
쉬었다 가자고 몸이 졸랐답니다
피하는 일이 꼭 무서워서는 아니었다지만
들어주는 척 그냥 앉았다만 가는 거였다지만
야, 야, 야, 내 나이가 어때서
하다가 꼬리 슬쩍 내렸다지요
사랑도 아니고 이별도 아니고
내 나이가 어째서
쉬어가기 딱 좋은 나이가 됐을까
죄 없는 꽃에게 하소연하다 왔다지요
늘어진 깃발처럼 꽃그늘에 앉아
슬픔도 환하게 그러다 왔다지요

저 바다의 안쪽에서 일어난 일

김 점 용(시인)

이 세상천지가 모두 신의 것이라면 인간은 무엇을 가질 수 있을까? 오직 인간만이 온전히 내 것이라고 힘주어 말할 수 있는 게 있을까? 그런 것이 과연 있기나 할까? 세상천지 삼라만상이 다 신의 뜻, 신의 입김, 신의 손길을 탄 것일진대, 천길만길 삼천대천을 다 헤매고 다닌들 어디 아른아른한 봄날 아지랑이 한 줄은 고사하고 티끌 하나라도 우리 인간에게 쥐어질 수 있을 것인가?

최명선 시인이 오랫동안 공들여 새롭게 묶어낸 시편들을 읽으면서 자연스레 그런 질문이 들었다. 시인의 눈에는 세상 모든 것들이 거룩하고 신성(神聖)하며 형형한 영성(靈性)의 빛을 띤 채 천변만화하고 있는 까닭이다. "고물거리는 애벌레"는 "생불"(「어떤 경전」)이고, 언덕길에 뿌려진 연탄재는 "사람들 발아래 납작 엎드려/사리탑을 쌓고 있는 무심한 흙

부처”(「한 말씀 받아 읽다」)이다. 빗방울은 “잠언”, 빗줄기는 “경전”(「따뜻한 우기」)이며, 폭설에 쓰러진 나무는 “바람경을 외”는 “와불”(「죽어도 사는 나무」)이고, 심지어 삼월에 내리는 눈발은 냄새 없는 “하나님 똥”으로서 그걸 쌓은 “똥탑”은 “시편이 되고 경전이 되는 말씀의 탑”(「폭설」)으로 유머러스하게 은유 되어 있다.

사태가 이런 마당이니 그처럼 거룩하고 고매한 것 말고 좀 모자라고 안쓰러우며 소리쳐 울고 싶은 인간적인 것들은 없느냐는 질문이 나도 모르게 튀어나온 것이다. 그것은, 세상 만물이 다 아득히 크고 높은 대상으로 수렴되어 버리면 사람이 편하게 제 숨길을 고르거나, 혹은 서로 지지고 볶고 왁자지껄 사람 냄새를 풍기며 어우러지는 곳이 너무 없지 않겠는가 하는 노파심에서 나온 물음이었다.

하지만 한 마디로 그건 쓸데없는 물음이었고 말 그대로 노파심일 뿐이었다. 최명선의 작품들을 계속 읽어 나가면서, 온 세상천지가 아득히 높고 거룩한 존재의 것이라 해도 우리에게 주어진 것이 너무나 많다는 느낌이 확연하고도 절절하게 다가왔다. 그의 뜻, 그의 입김, 그의 손길이 미치지 못하는 곳이 한두 군데가 아니어서, 차라리 그를 세 번 아니라 천 번 만 번을 부정하고 또 부정하고 툭 터놓고 울고 싶을 정도로 곳곳이 허허롭게 빈 바람 맴도는 구멍들 천지였다.

시와 종교가 갈라지는 지점이 바로 여기일 것이다. 종교가 빈 구멍에서 생기는 질문들을 신의 뜻으로 외피를 감싸고 결국 개인적인 믿음의 문제로 봉인해 버린다면, 최명선의 시는 몸소 수많은 구멍 속으로 기꺼이 들어간다. 들어가서 여기는 어디까지나 인간의 장소, 인간의 슬픔, 인간의 춤과 웃음, 우리들의 다채로운 생로병사가 있는 곳이라고 당당하게 말한다, 단정한 시의 깃발을 곳곳에 펄럭이며 찬찬히 보여준다.

사실, 사람들의 신은 얼마나 잔인한가. 지구촌 곳곳에서 기아와 살육과 전쟁이 벌어진다. 수백 명의 아무 죄 없는 어린아이들 목숨도 가차 없이 앗아간다. 저 바다 깊은 곳에 수장시킨다. 다 뜻이 있어 그렇다지만 사람으로서 도무지 알 수 없는 그 뜻이란 게 있은들 어떻고 없은들 또 어쩔 것인가. 우리는 오직 사람일 뿐이어서, 한 번 왔으니 언젠가는 가야 할 유정하고 유한한 존재들 아닌가. 이 세상에 목숨줄 받은 물건치고 욕망하지 않는 존재가 대체 어디에 있단 말인가. 벌거벗은 인간의 민낯, 인간의 떨리는 목소리를 우리가 굳이 옹호하는 이유가 바로 여기에 있다.

바다는 가방이다
부드럽고 질긴 물가죽 가방이다

신선한 것을 늘 채워 두시고
필요한 걸 누구나 가져가게 하시지만
예고 없이 지퍼를 잠그시기 때문에
가끔은 대속처럼 죄 맑은 자가

그 속에 갇혀 질식사하기도 한다

아무리 소리쳐도 열릴 때까지
기다려야 한다는 것 외에
우리가 할 수 있는 일은 아무것도 없는
할 수 없다는 것만이 진실인 그곳

그곳은 태초에 말씀을 부은 곳이자
생의 마지막 것들이 흘러드는 곳이기에
우리가 지키지 않으면 안 될 묵약의 곳간이다

늘 열려 있지만 우리의 생을 물고 있는 바다,
언제 닫힐지 모르는
병기 같은 지퍼를 가진 바다는
절대자의 질긴 물가죽 가방이다

—「신의 가방」 전문

바다를 가방처럼 들고 다니는 사람을 보았는가? 그런 엄청난 거인을 당신은 어떻게 한 번 상상이라도 해보았는가? 난 없다. 적어도 이 작품을 만나기 전까지는. 바다를 들고 다니는 자는 곧 우리가 살고 있는 지구 전체를 들고 다니는 것 아닌가. 이것이 시의 힘이자 권리이고 효용이며 의미실천이다. 예기치 못했던 의외의 사건을 불쑥 만들어줌으로써, 자동화된 우리의 일상적 감각을 쇄신시키고 인식과 경험의 기대지평을 순식간에 넓힌다.

그러나 이토록 거대한 시적 스케일에 압도당해서는 안 된다. 섬세하고 촘촘하게 짜 놓은 디테일의 그물에 발목이 걸려서도 안 된다. 우리가 기어코 놓치지 말아야 할 것은 결국 인간적 표정과 목소리가 아닌가. 번거롭지만 그 부분을 한 번 더 옮겨보자.

> 아무리 소리쳐도 열릴 때까지
> 기다려야 한다는 것 외에
> 우리가 할 수 있는 일은 아무것도 없는
> 할 수 없다는 것만이 진실인 그곳

종교적 관념이나 신실한 믿음에 갇힌 자는 소리치지 않는다. 그에게 신은 결코 '숨은신'(뤼시엥 골드만)이 아니며 '침묵'(엔도 슈사쿠)하지도 않는다. 서두에 짚어본 것처럼 언제 어디서나 현현해 있는 존재로서 태초의 "말씀"을 들려준다. 하지만 위 인용문에서 보는 것처럼 소리치는 자, 기다리는 자는 그렇지 않다. 기다림의 자세는 오직 인간만이 할 수 있는 유일한 것이다. 신이 있다면 굳이 기다릴 이유가 없다. 그냥 행하면 된다. 그것이 바로 육바라밀의 보살행이며 사랑의 실천 아닌가. 그런데 정작 "우리가 할 수 있는 일은 아무것도 없"다.

그래서 절대자의 세계에서 기다림의 자세는 인간이 만든 빈 공백이 된다. 완벽한 절대자의 세계에서 기다림은 유일

한 인간적 행위로서 빈 공백이며 일종의 흠이고 바람 숭숭한 '구멍'이 되는 것이다. 시인은 그 점을 놓치지 않는다. 아니, 원래 시인은 그런 존재이다. 우리가 완전하다고, 이 정도면 충분하다고 믿었던 곳이 사실은 허점투성이라는 것을 생생하게 보여주며, 우리가 딛고 선 단단한 바닥이 언제 무너질지 모르는 허방을 곳곳에 숨기고 있다는 사실을 똑똑히 말해준다. 실제로 이 세계가 그렇지 않은가. 멀쩡하게 잘 걸어가다가도 어느 순간 우리는 가장 피하고 싶었던 불행의 보도블록을 딛고 만다. 그게 인생이다. 시인은 지금 그것을 말하는 것이다. 그래서 "할 수 없다는 것만이 진실"이라고, 불행을 껴안은 행복, 요컨대 불완전한 부분을 지닌 전체야말로 가장 완전한 세계라는 것이다. 시인이 들려주는 시적 전언으로는 "늘 열려 있지만 우리의 생을 물고 있는 바다" 아닌가. 이 얼마나 놀라운 통찰인가!

사실 이 문제는 매우 중요하지만 좀 까다로운 문제이기도 하다. 이는 헤겔이 주창했던바, 예외자가 곧 보편자라는 역설과 합치한다. 예수는 이 세계 밖으로 추방되어(죽음) 예외자가 되었으나, 그 자체가 곧 우리 모두의 죄를 짊어진 "대속" 행위였고, 그럼으로써 영원히 우리 안에 살게 된(부활) 보편자가 되었다. 더 쉽게 설명하면, 우리가 장애인과 비장애인을 차별하지 말아야 하는 이유는 단 한 가지인데, 비장애인도 언젠가는 그렇게 될지 모르는 잠재적 장애인인 까닭이다. 이는 필연이다. 젊어서는 건강해도 늙으면 누구나 다 장애인이 되지 않는가.

따라서 절대자의 세계에서 인간적 표정과 목소리는 빈 공백, 흠, 구멍으로서 오히려 그 세계를 더욱 완전하게 만드는 역설에 도달한다. 우리 몸속의 빈 공간이 우리를 숨 쉬게 하고, 이 세계의 비대칭이 진화를 이끄는 이치와 같은 것이다. 그래서 '빈 공백'을 지닌 주체야말로 주체를 살아 있게 하는 가장 강력한 동인이 된다. 다시 말해 "모든 것이 이루어졌다"면 그 세계는 더 이상 가능한 세계가 아니다. 무의미한 세계이다. 동양화의 여백처럼 빈 공백이 있어야만 그 세계는 비로소 운기생동할 수 있는 것이다.

다소 어렵고 까다로운 얘기를 왜 이렇게 지루하게 늘어놓는가 하면, 바로 앞에서 인용한 시 「신의 가방」이 이 모든 걸 은유적으로, 매우 생생하게 말하고 있기 때문이다. 차례차례로 한번 톺아보자.

2연에서는 바다가 지닌 풍요와 결핍의 양가성을 통해 "신의 가방"이라는 이 세계 역시 그러하다는 것을 인상 깊게 보여준다. 그것만이 아니다. 예외자로서 예수의 "대속"처럼 "죄 맑은 자"의 질식사를 통해 가장 풍요로운 세계가 사실은 가장 무서운 세계가 될 수 있다는 것을 암시한다. 게다가 그 타이밍은 "예고 없이" 다가온다는 우연성의 문제도 곁들여 놓았다.

3연에 내포된 인간적 의미는 앞에서 길게 설명했거니와, 4연의 신화적 맥락도 그에 못지않게 인간적이다. "태초에 말씀을 부은 곳"은 기독교의 창세신화에서 촉발된 상상이지만 그것을 '바다'로 인유한 것은 시인만의 특장이다. 그런데, 시인의 이런 상상은 좀 섬뜩한 데가 있다. 우리의 땀과 눈물에 소금이 섞여 있듯이 인류의 시원이 바다에 있으며, 신화적으로도 바다는 탄생의 공간이자 죽음의 공간인 까닭이다. "태초에 말씀을 부은 곳"이라는 진술은, 창세기에서 하느님이 말씀으로써 세상 만물을 창조한 것처럼 수많은 생명들이 탄생하는 장소로서의 바다를 의미하고 있다. 이렇게 시적 발상은 기독교의 내러티브에 기대고 있지만, 시인은 종교적 의미를 넘어 더 깊고 보편적인 문제로 우리를 데려간다. 바로 말과 사물의 관계이다. 바다에서 탄생한 뭇 생명들은 언어("말씀")를 통해 저마다의 독자적인 의미를 지닌다는 것을 저 한 줄에 담아낸 것이다. 태초의 말씀은 혼돈의 카오스를 질서의 코스모스로 바꾸는 작업이다. 무당이 칼춤을 추는 것도 비정형의 무의식을 정형의 의식으로 바꾸는 작업이다. 칼을 들고 부정한 것들을 쳐내면서 그렇게 한다. 어린아이가 말을 배우면서 이 세상을 질서화하고 계통화하는 것도 같은 맥락이다. 언어체계를 배우기 이전의 일들이 잘 기억나지 것도 그 때문이다. 결국 이 세계를 질서화하고 의미를 부여하는 것은 언어를 통해서인 것이다. 이뿐이 아니다. 바다는 "생의 마지막 것들이 흘러드는" 죽음의 공간이기도 하다. 바다가 죽음의 공간이라는 것은 이미 2연에 예비되어 있었다. 가죽가방에 갇혀 "질식사"한 것이 그것이다. 신은 불멸의 존재이지만 인간은 태어남과 죽음을 겪는 유한하고 덧없는 존재이다. 그리하여 인간은 결코 바다를 벗어날 수 없다. "지키지 않으면 안 될 묵약의 곳간"으로서 바다는 곧 사람이 태어나 최초의 울음을 터트린 요람이자 최후의 무덤인 셈이다. 한밤중에 빛나는 집어등 불빛이 거대한 무덤 위에 피어난 꽃 같은 느낌이 들지 않던가. 원형신화에서 바다가 죽음과 탄생의 공간으로 형상화되는 것도 그런 이유에서이다.

마지막 연도 의미심장하다. 앞에서 길게 설명하고 탄복했듯이 "늘 열려 있지만 우리의 생을 물고 있는 바다"는 이 작품의 묘수이다. "신의 가방"인 바다가 우리 인간과 아무 상관이 없다면 우리가 개의할 것이 아무것도 없다. 하지만 시에서 보듯이 바다는 우리가 거기서 먹을 것, 입을 것을 비롯해 온갖 것을 구해 오는 삶의 보물창고 아닌가. "우리의 생을 물고 있"다는 표현은 그래서 가능하며, 그럼으로써 바다의 열림과 닫힘을 한 줄에 꿰어버렸다. 물론 그것의 심층적 의미는 앞서 설명한 대로, 인간은 '바다'를 떠나 살 수 없고, "신의 가방"인 바다는 불완전한 구멍투성이인 "우리의 생을" 품음으로써 더욱 역동적이고 완전한 세계가 된다는 것이다.

* * *

물론 최명선의 시가 늘 이렇게 무거운 주제만을 노래하지는 않는다. 앞의 시는 상상력과 직관, 인식의 스케일이 워낙 무겁고 장대하게 펼쳐져 있어 끌릴 수밖에 없었다. 모든 예술이 그렇듯이 가장 문제적인 작품이 전위에 나선다. 그 문제를 다루지 않고 나아가는 것은 공연한 헛걸음이나 마찬가지다. 그녀가 노래한 "신의 가방"은 가죽으로 되어 있어 물 샐 틈 없이 단단하고 질기며 야무질 것 같지만 그것이 "우리의 생을 물고 있는" 이상 균열될 수밖에 없다는, 아니 오히려 그래야만 더욱 완전한 세계가 될 수 있다는 시적 직관이야말로 우리 시의 본령, 그 극점에 닿아 있는 것 아닌가.

그러면서 시인은 그 질긴 가방 어디엔가 운명의 젖줄을 대고 있는 인간적 풍경을 소슬하게 그려낸다. 가장 먼저 눈에 띄는 것이 나이듦에 대한 깊은 회한과 담담한 인정이다.

푸르다는 것은
안에서 밖을 향해 나가는 것이지만
붉다는 것은
밖에서 안을 향해 들어가는 것이다
나왔던 길로 다시 돌아가는 것이다
마지막,
가장 마지막에 있는 처음인 그곳,
한 점 무심을 향해 가는 여정인 것이다

—「붉다는 것은」 부분

시인은 푸름과 붉음을 빗대 청년과 노년의 삶을 대비시킨다. 젊음이 "안에서 밖을 향해 나가는" 원심력이라면 노년은 "밖에서 안을 향해 들어가는" 구심력이라고 말한다.

구심력을 지닌 삶은 깊어질 수밖에 없다. 자신이 왔던 곳, "가장 마지막에 있는 처음인 그곳"으로 "다시 돌아가는" 붉은 황혼의 삶인 것이다. 그곳에 무엇이 있기에? 없다! "한 점 무심"이 있을 뿐이다. 모든 것을 다 비워낸 빈 구멍이 있을 뿐이다. 그것이 대체 무슨 의미냐고? 우리는 이미 앞에서 다 배웠다. 비어 있는 여백이 이 세계를 역동적으로 움직이게 만들고 완성시킨다고. 그곳에서 새로운 푸름이 태어나기에 그러하다. 서쪽 바다에 떨어지는 태양처럼 먼바다 안쪽으로 깊이 들어가는 이유도 바다가 죽음과 탄생(재탄생)의 상징적 장소인 까닭이다.

> 구부러진 오이를 파는 할머니,
> 왜 모두 이렇게 휘었느냐고 묻자
> 끝물이라 그렇다신다, 끝물이 되면
> 당신처럼 반듯한 게 없다며 웃으신다
>
> —「곡선에 들다」 부분

제목에서 알 수 있는 것처럼 늙음은 돌아가는 삶으로서 직선에서 벗어나 곡선을 궤적을 그리는 것이다. 할머니의 소탈한 웃음과 나이듦에 대한 솔직하고 넉넉한 인정이 오히려 더 애잔하게 묻어나는 그림인데, 다음의 시와 겹쳐 읽으면 "구부러진 오이"처럼 늙은 몸의 은유가 한층 도드라진다.

너 잃고 너를 다시 찾는 일보다
나 잃고 나를 찾는 일이 많아진 이즘,
순한 것들과 손잡고 헐렁헐렁 가다 보면
벌레 먹은 갈잎 하나도 작정 없이 고와서
염치없이 콧등 시큰거리고 마는
평형 잃은 누옥의 대책 없는 기울기

—「기울다」부분

직선의 궤도에서 벗어난 곡선의 삶이, 이젠 "평형"마저 잃고 대책 없이 기울고 있다. 정오의 태양이 기울어지면서 하루가 저물어가는 것처럼 "누옥"과 같이 몸도 낡아가면서 조금씩 기울어진다. 그러나 "처음인 그곳"의 제자리로 돌아가고, 구부러진 오이처럼 곡선의 궤도에 드는 것은 그냥 사라지는 것이 아니다. 「다시 쓰는 가을」의 시적 전언에 의하면 그것은 "낡아가면서 차츰 둥글어지는 것이다". 같은 작품을 더 따라가면 "온전히 익힌 열매/가지 끝에 매달고/이름표 지우는 나무들처럼/마음에서 나를 놓는 것"이다. 이는 한평생 자식("열매")을 위해 희생하고 한 줌 흙으로 돌아간 갑남을녀의 모든 부모들을 떠올리게 한다. 부모는 죽어도 죽은 것이 아니다. 자식들의 삶 속에 고스란히 살고 있다. 그것이 거역할 수 없는 유전자의 법칙이며, 이 역시 "바다"의 열림과 닫힘처럼 삶과 죽음이 결국엔 한 몸이라는 것을 말해준다. 이러한 시적 인식은 「죽어도 사는 나무」라는 제목에서 그대로 드러나기도 하고, 더 직접적으로는 "죽어서도 살아 있는 내 푸른 아버지"(「푸른 아버지」)에서 극명하게 표출된다.

그러고 보면 이번 시집에는 「곡선에 들다」, 「가을 여자」에서와 같이 나이 들어가는 시인 자신에 대한 잔잔한 성찰도 있지만 아버지를 비롯하여 병들어 죽은 가까운 사람들에 대한 안쓰러움도 깊이 배어 있다.

아흔두 해를 산 집,
그 집이 지난 폭설에 무너졌다

너무 낡아 리모델링도 안 된다며
의사는 퇴원을 권유했는데
고장 난 기둥에 마음을 묶은 채
그믐 쪽으로 등을 누이는 오래된 집 한 채
(중략)
돌아오기엔 아무래도 먼 봄인 것 같다
돌아오기엔 아무래도 먼 길인 것 같다

—「피지 않는 봄」 부분

"누옥"처럼 늙은 몸을 집에 비유한 것은 이제 익숙한 어법이지만, 집이라는 신체적 공간을 "봄"이라는 순환적 시간으로 에둘러 표현한 것은 낯설고 새롭다. 여기에는 묘한 매력이 있다. 시적 화자는 안타까운 목소리로 "돌아오기엔 아무래도 먼 봄"이라고 말하면서 곧 다가올 죽음을 예감하지만, 실제의 봄은 겨울이 지나면 기어코 파릇파릇한 몸으로 돌아온다. 죽음을 예감하면서도 되살아나기를 바라는 무의식적 희구가 그대로 스며든 셈인데, 이는 양가적 가치를 한 몸에 결합시키는 최명선 시인 특유의 시적 기질이 그대로 발휘된 것으로 읽힌다.

> 아산병원 중환자실,
> 지아비 업은 물총새 한 마리
> 바다를 건넌다
> 성긴 날개 펼쳐 슬픔을 건넌다
>
> —「파랑 주의보」 부분

죽음은 도처에 널려 있다. 앞에서는 몸의 비유가 집으로 드러났지만 여기서는 "새"로 바뀌었다. 원형상징에서 새는 영혼을 의미한다. 죽음의 환유이다. 그러나 내가 주목하고 싶은 것은 다른 데 있다. "물총새 한 마리"가 "바다를 건넌다"는 진술이다. 지금 물총새가 건너고 있는 바다는 어디쯤일까? 신의 가방 안쪽일까 바깥쪽일까? 우리의 생이 가방의 지퍼에 물려 있으므로 안쪽이면서 동시에 바깥은 아닐까.

사람이 태어나 늙고 병들어 죽는 것이 어김없는 이치라지만, 그럼에도 우리는 죽음 쪽보다는 삶 쪽을 택해야 한다. 지금까지 따라온 시인의 인식대로라면 '바다'의 바깥이 아니라 안쪽을 택해야 하는 것이다. 우리는 결코 바다를 벗어

날 수 없는 까닭이다. 망망대해에 떠 있는 일엽편주가 아닌가. 그리하여 우리는 그 깊은 바다의 안쪽에서 늙어서도 밥을 나르는 엄중한 삶을 목격한다.

쌀자루를 이고 길 건너던 할머니
발을 헛디뎠는지 넘어지셨다

지나가던 사람들 걱정하며 모여들자
괜찮다, 사래 치는 삭정이 같은 손
그 구부정한 내력 위로 마른 뿌리들이
얼기설기 그물처럼 길을 내고 있었다

저 길 속으로 밥을 나르는 것
마르지 않도록 물을 대야 하는 것

산다는 건 저렇게 위험한 밥알들을
뿌리 속으로 날마다 나르는 것이다

—「위험한 밥알들」 전문

수작이다. 이런 장면이야말로 거룩하지 않은가. 바다보다 더 넓고 깊은 숭고 아닌가. 망연자실, 두 눈 가득 눈물 글썽이며 그저 감동한 표정으로 바라보아야 하지 않는가. 우리의 할머니, 어머니가 그렇게 맹목적으로 살아오지 않았던가. 거듭 말하지만 시인이 그랬다. 우리는 바다를 떠날 수 없다고. 아, 어쩌랴! 우리네 삶 자체가 바로 출렁이는 바다였던 것이다. 우리 스스로 예외자이면서 보편자였던 것이다. 그것이 곧 "신의 가방"이었던 것이다.

어젯밤 꿈에
신발 한 짝이 떠내려갔다
워낙 급류라 건질 엄두도 못 내고 안타까이 바라만 봤다

나이를 먹고도
헛꿈의 행장을 꾸리는 내가
아슬아슬하신지

그분은 기다렸다는 듯
잠 길에 먼저 오셔
신발을 그렇게 늘 감추고 가신다

—「누구시길래」 전문

이런 질문에 우리는 이제 거침없이 답할 수 있다. "그분"은 바로 우리 자신이라고. 내 마음이 나도 모르게 내 신발을 그렇게 늘 감추고 간다고. 그분이나 신이나 부처나 모두가 우리 마음의 그림일진대, 무얼 더 망설이겠는가. "나이를 먹고도" 당당하게 "헛꿈의 행장을 꾸"릴 수 있어야 한다. 위험을 무릅쓰고 밥상을 나르는 할머니처럼 그것이 우리에게 주어진 길, 푸른 바다에 잠긴 삶의 안쪽이기 때문이다.

100세 시대라고 한다. 더 나아가 120세 시대라고까지 한다. 은퇴 이후의 삶에 대해 우리 사회는 제대로 준비된 것이 별로 없다. 사람들은 돈만 있으면 된다고 노후의 삶에 대해 쉽게 생각하는 것 같지만 전문가들은 개인의 꿈, 취미, 건강, 경험에서 우러난 지식, 자존감, 열정 등 비재무적 자산이 한층 더 중요하다고 강조한다. 최명선의 시를 읽으면서 또다시 깨닫게 된 것이 있다면 시 쓰기가 지닌 막강한 힘이다. 노년의 삶이 지닌 폭과 깊이를 이토록 적나라하게 펼칠 수 있는 대범함과 넉넉함은 대체 어디서 연유하겠는가. 시가 아니겠는가. 시를 쓰자. 그래서 저 바다의 안쪽에서 일어난 일을 「정신의 탁발」처럼 낱낱이 기록하자. 그리하여 바다의 경전 따위 "한 뼘쯤 밀어놓고" 우리에게 주어진 삶을 "젖은 눈으로 가만히", 그윽하게 바라보자.

> 천왕봉에서 날아온 나무 매 한 마리가
> 깃을 접고 앉았다는 추월산 보리 암자
> 힘겹게 오른 절벽 채 닫히기도 전
> 목탁 새 우렁우렁 경문을 건넨다, 아니
> 경문을 풀어낼 열쇠 하나 건넨다
> 무엇이 갇혔다는 것인지 어디를 열라는 것인지
> 생물 한 바가지 마시며 가슴을 축여 보고
> 뿌리 접힌 느티의 육탈도 짚어 보지만
> 좀처럼 굴러갈 줄 모르는 삼보리의 법륜
> 잡념도 깊어지면 고요가 되는지

저문 소망 한 자락 마음 밖으로 꺼내자
보리 껍질 우수수 무심처럼 떨어진다
가둔 것 없으면 열릴 것도 없을진대
스스로 받아 챙긴 오욕의 열쇠라니
무거운 발소리로 산수 다 깨운 후
절뚝거리며 내려온 다시 사람의 마을
부려 놓은 등짐 문득 궁금해
슬며시 올려다본 보리암 느티부처
쭈그러진 내 바랑이 가엾었던지
천길 금강을 한 뼘쯤 밀어 놓고
젖은 눈으로 가만히 나를 내려다보신다

—「정신의 탁발」 전문